Lb 45
293
A.

DE LA LIBERTÉ
DES BROCHURES, DES PAMPHLETS
ET
DES JOURNAUX,

CONSIDÉRÉE SOUS LE RAPPORT DE L'INTÉRÊT
DU GOUVERNEMENT;

PAR BENJAMIN DE CONSTANT.

SECONDE ÉDITION,
REVUE ET CONSIDÉRABLEMENT AUGMENTÉE.

DE L'IMPRIMERIE DE A. BELIN.

A PARIS,
CHEZ H. NICOLLE, A LA LIBRAIRIE STÉRÉOTYPE,
RUE DE SEINE, N°. 12.

1814.

Nota. La première édition de cette Brochure avoit précédé le projet de loi. Dans celle-ci, qui est postérieure à la présentation de ce projet, on n'a rien changé au texte, mais on a ajouté quelques notes assez étendues.

DE LA LIBERTÉ

DES BROCHURES,

DES PAMPHLETS ET DES JOURNAUX,

Considérée sous le rapport de l'intérêt du Gouvernement.

Tous les hommes éclairés semblent être convaincus qu'il faut accorder une liberté entière et l'exemption de toute censure aux Ouvrages d'une certaine étendue. Leur composition exigeant du temps, leur achat de l'aisance, leur lecture de l'attention, ils ne sauroient produire ces effets populaires qu'on redoute, à cause de leur rapidité et de leur violence. Mais les *Pamphlets*, les *Brochures*, les *Journaux* surtout, se rédigent plus vite : on se les procure à moins de frais ; ils sont d'un effet plus immédiat, on croit cet effet plus formidable. Je me propose de démontrer qu'il est de l'intérêt du Gouvernement de laisser même aux écrits de cette nature une liberté complète : j'entends par ce mot la faculté accordée aux écrivains de faire imprimer leurs écrits sans aucune censure préalable. Cette faculté n'exclut point la répression des délits dont la presse peut être l'instrument. Les lois doivent prononcer des peines contre la calomnie, la provocation à la révolte, en un mot, tous les abus qui peuvent résulter de la manifestation des opinions. Ces lois ne nuisent point à la liberté ; elles la garantissent au contraire. Sans elles, aucune liberté ne peut exister.

J'avois envie de restreindre mes observations aux Journaux seuls, et de ne point parler des Pamphlets ; car la force des choses plaidera bientôt en faveur de ces derniers plus éloquemment que je ne pourrois le faire. On ne veut assurément pas renouveler un espionnage qui excéderoit les pouvoirs, compromettroit la dignité, contrarieroit les intentions équitables d'un Gouvernement sage et éclairé. On veut encore moins faire succéder à cet espionnage des actes de rigueur, qui, disproportionnés aux délits, révolteroient tout sentiment de justice, et entoureroient d'un intérêt général les plus coupables comme les plus innocens. Il est également impossible, aujourd'hui que le système continental est détruit et et que la France a cessé d'être une île inabordable aux autres peuples européens, d'empêcher que les Brochures dont on interdiroit l'impression en France n'y pénétrassent de l'étranger. La grande confraternité de la civilisation est rétablie ; des voyageurs nombreux accourent déjà pour jouir de la liberté, de la sûreté, des avantages de tout genre qui nous sont rendus. Les arrêtera-t-on sur la frontière ? les dépouillera-t-on de leur propriété ? mettra-t-on sous le séquestre les livres qu'ils auront apportés pour leur usage ? Sans ces précautions, toutes les autres seront inutiles. Les livres ainsi apportés seront à la disposition des amis du propriétaire, et des amis de ses amis. Or, l'intérêt spéculera bientôt sur la curiosité générale. Des colporteurs de Brochures interdites se glisseront en France sous le costume de voyageurs. Des communications secrètes s'établiront. Toutes les fois qu'une chance de gain se présente, l'industrie s'en empare, et sous tout Gouvernement qui n'est pas une tyrannie complète, l'industrie est invincible.

On se flatteroit en vain de voir les Brochures moins multipliées et moins répandues, parce qu'elles n'arriveroient que par occasion, et par là même à un plus petit nombre d'exemplaires et à plus de frais. Nous devrons sûrement bientôt aux mesures du Gouvernement et à la co-opération de ces Corps qui ont repris une noble et nécessaire indépendance, un accroissement d'aisance pour toutes les classes. Celle qui a l'habitude et le besoin de lire, pourra consacrer une plus grande partie de son superflu à satisfaire sa curiosité. La prospérité même de la France tournera ainsi contre les mesures prohibitives, si l'on veut persister dans le système prohibitif. A mesure que le Gouvernement parviendra, par ses efforts soutenus, à réparer les maux de nos agitations prolongées, l'on se retrouvera, pour la richesse individuelle, plus voisin de la situation où l'on étoit en 1788. Or, à cette époque, malgré la censure et toutes les surveillances, la France étoit inondée de Brochures prohibées. Comment la même chose n'arriveroit-elle pas aujourd'hui? Certainement les restrictions qu'on veut imposer à la liberté de la presse ne seront pas, après les promesses du Monarque, plus sévères qu'elles ne l'étoient, quand on proscrivoit Bélisaire et qu'on décrétoit l'abbé Raynal de prise de corps; et si le Gouvernement ancien, avec l'usage autorisé de l'arbitraire, n'a rien pu empêcher, notre Gouvernement constitutionnel, scrupuleux observateur des engagemens qu'il a contractés, n'atteindroit pas, avec des moyens cent fois plus restreints, un but que des moyens illimités n'ont jamais pu atteindre. On se tromperoit également, si l'on espéroit que les Brochures illicites, étant imprimées dans l'étranger, n'arriveroient la plupart du temps en France, qu'après l'époque où elles auroient pu faire du mal. Il y auroit des imprimeries clandestines au sein de Paris même. Il y en avoit jadis : elles n'ont cessé que sous Robespierre et sous Buonaparte ; mais sous une autorité douce et limitée, elles renaîtront. Des peines modérées seront impuissantes, des peines excessives impossibles.

J'invoquerois avec confiance le témoignage de ceux qui, depuis deux mois, sont chargés de cette partie de l'administration, qu'on rend si épineuse, quand elle pourroit être si simple, je l'invoquerois, dis-je, avec confiance, si ces dépositaires de l'autorité pouvoient s'expliquer dans leur propre cause. Ils diroient tous, d'après leur expérience, qu'en fait de liberté de la presse, il faut permettre ou fusiller : et j'ose l'affirmer, quand nous n'aurions pas de Charte Constitutionnelle, le Gouvernement actuel, c'est un hommage qu'on aime à lui rendre, aimera toujours mieux, pour les délits pareils, permettre que fusiller.

Il faut remarquer que les lois par lesquelles on veut prévenir, ne sont dans le fond que des lois qui punissent. Vous défendez d'imprimer sans une censure préalable. Mais si un écrivain veut braver votre défense, comment l'empêcherez-vous ? Il faudra placer des gardes autour de toutes les imprimeries connues, et faire de plus des visites domiciliaires pour découvrir les imprimeries secrètes. C'est l'inquisition dans toute sa force. D'un autre côté, si vous n'adoptez pas cette mesure, vous ne prévenez plus, vous punissez. Seulement vous punissez un autre délit, celui qui consiste à imprimer sans permission, au lieu que vous auriez puni le délit consistant à imprimer des choses condamnables. Mais l'écrit n'en aura pas moins été imprimé. Le grand argument qu'on allègue sans cesse est donc erroné. Il faut une censure, dit-on, car s'il n'y a que des lois pénales, l'auteur pourra être puni, mais le mal aura été fait. Mais si l'écrivain ne se soumet pas à votre censure, s'il imprime clandestinement, il pourra bien être puni de cette infraction à votre loi, mais le mal aura aussi été fait. Vous aurez deux délits à punir au lieu d'un, mais vous n'aurez rien prévenu. Si vous croyez que les écrivains ne se mettront pas en peine du châtiment qui pourra les frapper, pour le contenu de leurs écrits, comment croyez-vous qu'ils se mettront en peine du châtiment attaché au mode de publication ?

Vous allez même contre votre but. Tel homme que le désir de faire connoître sa pensée, entraîne à une première désobéissance, mais qui, s'il avoit pu la manifester innocemment, n'auroit pas franchi les bornes légitimes, n'ayant maintenant plus rien à risquer, dépassera ces bornes, pour donner à son écrit plus de vogue, et parce qu'il sera aigri ou troublé par le danger même qu'il affronte. L'écrivain qui s'est une fois résigné à braver la loi, en s'affranchissant de la censure, n'a aucun intérêt ultérieur à respecter cette loi dans ses autres dispositions. L'auteur qui écrit publiquement est toujours plus prudent que celui qui se cache. L'auteur résidant à Paris est plus réservé que celui qui se réfugie à Amsterdam ou à Neufchatel.

Le Gouvernement se convaincra donc, j'en suis sûr, de la nécessité de laisser une liberté entière aux Brochures et aux Pamphlets, sauf la responsabilité des auteurs et imprimeurs, parce qu'il verra que cette liberté est le seul moyen de nous préserver de la licence des libelles imprimés dans l'étranger ou sous une rubrique étrangère : et il accordera encore cette liberté, parce que la réflexion lui démontrera que toute censure, quelqu'indulgente ou légère qu'elle soit, ravit à l'autorité, ainsi qu'au peuple, un avantage important, surtout dans un pays où tout est à faire, ou à modifier, et où les lois, pour être efficaces, doivent non-seulement être bonnes, mais conformes au vœu général.

C'est quand une loi est proposée, quand ses dispositions se discutent, que les ouvrages qui ont rapport à cette loi peuvent être utiles. Les pamphlets, en Angleterre, accompagnent chaque question politique jusques dans le sein du Parlement (1). Toute la partie pensante de la nation intervient de la sorte dans la question qui l'intéresse. Les Représentans du peuple et le Gouvernement voient à la fois et tous les côtés de chaque question présentés et toutes les opinions attaquées et défendues. Ils apprennent, non-seulement toute la vérité, mais ce qui est aussi important que la vérité abstraite, ils apprennent comment la majorité qui écrit et qui parle considère la loi qu'ils vont faire, la mesure qu'ils vont adopter. Ils sont instruits de ce qui convient à la disposition générale, et l'accord des lois

---

(1) Voyez à ce sujet l'excellente brochure que vient de publier un académicien dont les écrits sont toujours remplis d'idées justes et applicables, et dont la conduite, pendant sa longue et noble carrière, est un rare modèle de sagesse et d'élévation, de mesure et de dignité.

avec cette disposition compose leur perfection relative, souvent plus essentielle à atteindre que la perfection absolue. Or, la censure est au moins un retard. Ce retard vous enlève tous ces avantages. La loi se décrète, et les écrits qui auroient éclairé les législateurs deviennent inutiles : tandis qu'une semaine plutôt ils auroient indiqué ce qu'il falloit faire, ils provoquent seulement la désapprobation contre ce qui est fait. Cette désapprobation paroît alors une chose dangereuse. On la considère comme un commencement de provocation à la désobéissance.

Aussi savez-vous ce qui arrive toujours, quand il y a une censure préalable? Avant qu'une loi soit faite, on suspend la publication des écrits qui lui seroient contraires, parce qu'il ne faut pas décréditer d'avance ce qu'on veut essayer. La suspension paroît un moyen simple et doux, une mesure passagère. Quand la loi est faite, on interdit la publication, parce qu'il ne faut pas écrire contre les lois.

Il faudroit ne point connoître la nature humaine pour ne pas prévoir que cet inconvénient se reproduira sans cesse. Je veux supposer tous les ministres, toujours animés de l'amour du bien public : plus leur zèle sera vif et pur, plus ils désireront écarter ce qui pourroit nuire à l'établissement de ce qui leur semble bienfaisant, nécessaire, admirable.

Je ne suis pas sûr que, si l'on nous confioit, à nous autres défenseurs de la liberté de la presse, la publication des écrits dirigés contre elle, nous n'y apportassions assez de lenteur (1).

---

(1) Quelques règles que l'on établisse, et quelque libéralité de vues qu'on professe, il y aura toujours dans la censure un arbitraire que la loi ne pourra ni prévenir, ni limiter, ni punir. Le censeur étant responsable de ce qu'il permet, on ne peut lui prescrire ce qu'il doit permettre. Sa situation, comme on l'a fort bien dit, est en sens inverse de celle des juges et des jurés dans les tribunaux. Ceux-ci se félicitent d'absoudre : le censeur qui condamne est seul en repos ; retrancher est pour lui le parti le plus sûr. S'il laisse passer une phrase déplacée, on l'accuse de négligence : s'il en efface dix qui ne le méritent point, on trouve son zèle excessif ; mais on est toujours disposé à pardonner l'excès de ce zèle.

La manière dont la censure a été organisée jusqu'ici ajoute à ces inconvéniens. Je déclare que toute censure me paroît funeste, et autant je réclame, comme on le verra plus loin, des lois sévères, efficaces et promptes, après les délits, autant je désire l'absence de toute mesure prohibitive, avant que les délits ne soient constatés. Mais j'ai, de plus, toujours été frappé de ce que personne n'avoit réfléchi encore au danger de laisser les censeurs, si on veut des censeurs, dans la dépendance absolue de l'autorité, tandis que tout le monde sent l'importance de

Comme je ne considère la question que dans l'intérêt du Gouvernement, je ne parle point de la bizarrerie qu'il y auroit à fixer le nombre des pages qui doivent constituer un livre pour qu'il soit libre de paroître. Ce seroit obliger l'homme

rendre les juges indépendans. Pour prononcer sur un droit de goutière, un mur mitoyen, ou la propriété d'un demi arpent, on crée des juges inamovibles, et l'on consent à confier le droit de juger les opinions, qui, en définitif, décident des progrès de l'espèce humaine, et de la stabilité des institutions ; l'on consent, dis-je, à confier ce droit à des hommes nommés par le pouvoir exécutif, c'est-à-dire par les ministres, et révocables à leur volonté !

Je ne veux pas m'étendre sur ce sujet, parce que l'inamovibilité des censeurs ne rémédieroit pas à beaucoup près au mal de la censure : mais il est certain qu'elle auroit au moins cet avantage, qu'elle donneroit aux hommes chargés de l'exercer un plus haut degré de considération, et que par conséquent, ils mettroient plus de mesure et plus de sagesse dans leurs actes, qu'au lieu de compter au jour le jour avec la puissance, ils compteroient avec l'opinion d'une manière plus large et plus libérale, qu'ils prendroient quelque chose de la dignité, et, par là même, de l'impartialité d'un tribunal, que la crainte de perdre leur place ne les poursuivroit pas à chaque ligne sur laquelle ils seroient appelés à prononcer, et qu'en multipliant leur nombre, et en laissant à chaque auteur la faculté de choisir dans

qui n'a qu'une vérité à dire, à lui adjoindre un cortége de développemens inutiles ou de divagations étrangères. Ce seroit condamner celui qui a une idée neuve à produire, à la noyer dans un certain nombre d'idées communes. On feroit

ce nombre, il y auroit quelques chances de plus en faveur des idées utiles, et quelques chances de moins pour le caprice, l'arbitraire, la pusillanimité. Mais, encore une fois, ce moyen ne me rassureroit point. Il soumettroit la pensée à une aristocratie redoutable, qui vaudroit mieux, sans doute, que la censure actuelle, comme les tribunaux réguliers valent mieux que les commissions temporaires, mais qui pourroit néanmoins être fort oppressive, et qui, n'étant point indispensable, ne doit pas être établie.

« Il est impossible, dit Bentham, d'évaluer le mal qui
» peut résulter de la censure; car il est impossible de
» dire où ce mal s'arrête. Ce n'est rien moins que le
» danger de mettre obstacle à tous les progrès de l'esprit
» humain, dans toutes les carrières. Si la chose n'avoit
» tenu qu'aux hommes constitués en autorité, où en
» serions-nous aujourd'hui? Religion, législation, phy-
» sique, morale, tout seroit encore dans les ténèbres.
» La véritable censure, continue-t-il, est celle d'un
» public éclairé, qui flétrit les opinions dangereuses,
» et qui encourage les découvertes utiles. L'audace d'un
» libelle, dans un pays libre, ne le sauve pas du mépris
» général : mais, par une contradiction facile à ex-
» pliquer, l'indulgence du public à cet égard se propor-
» tionne toujours à la rigueur du Gouvernement. »

de la diffusion une sauve-garde, et du superflu une nécessité (1).

L'expérience et la force des choses décideront donc bientôt cette question à l'avantage de la liberté, qui est l'avantage du Gouvernement lui-même. On organisera une responsabilité claire et suffisante contre les Auteurs et les Imprimeurs. On assurera au Gouvernement les moyens de faire juger ceux qui auroient abusé du droit qui sera garanti à tous. On assurera aux individus les moyens de faire juger ceux qui les auront diffamés ; mais tous les ouvrages, de quelque étendue qu'ils puissent être, jouiront des mêmes droits.

Une certitude pareille n'existe pas pour les Journaux. D'une part leur effet peut être représenté comme plus terrible encore que celui des

---

(1) Encore, d'après le projet de loi présenté depuis la la première édition de cette Brochure, la garantie accordée aux ouvrages de plus de trente feuilles, n'est-elle rien moins qu'assurée. Les art. 14 et 15 exposent les auteurs et imprimeurs à ce que les ouvrages dont l'étendue rend l'impression dispendieuse, soient supprimés après l'impression, comme les ouvrages plus courts peuvent l'être avant; ainsi il y a seulement de plus la chance d'un plus grand dommage ; singulier genre de faveur !

Livres et même des Brochures. Ils agissent perpétuellement et à coups redoublés sur l'opinion. Leur action est universelle et simultanée. Ils sont transportés rapidement d'une extrémité du Royaume à l'autre. Souvent ils composent la seule lecture de leurs abonnés. Le poison, s'ils en renferment, est sans antidote. D'un autre côté leur répression est facile. Les lieux où ils s'impriment sont connus officiellement ; les presses peuvent à chaque instant être brisées ou mises sous le scellé, les exemplaires saisis. Ils sont de plus sous la main de l'autorité par le seul fait de la distribution et de l'envoi journalier.

Toutefois, bien que le danger paroisse plus grand et les précautions moins vexatoires, j'ose affirmer qu'en tenant les Journaux sous une autre dépendance que celle qui résulte de la responsabilité légale à laquelle tout écrit doit soumettre son auteur, le Gouvernement se fait un mal que le succès même de ses précautions aggrave.

Premièrement, en assujétissant les Journaux à une gêne particulière, le Gouvernement se rend de fait, malgré lui, responsable de tout ce que disent les Journaux. C'est en vain qu'il proteste contre cette responsabilité ; elle existe moralement dans tous les esprits. Le Gouvernement pouvant tout empêcher, on s'en prend à lui de tout ce qu'il permet. Les Journaux prennent une importance exagérée et nuisible. On les lit comme symptômes de la volonté du maître, et comme on chercheroit à étudier sa physionomie, si l'on avoit l'honneur d'être en sa présence. Au premier mot, à l'insinuation la plus indirecte, toutes les inquiétudes s'éveillent. On croit voir le Gouvernement derrière le journaliste, et quelqu'erronée que soit la supposition, une ligne aventurée par un simple écrivain, semble une déclaration, ou, ce qui est tout aussi fâcheux, un tâtonnement de l'autorité.

A cet inconvénient s'en joint un autre. Comme tout ce que disent les Journaux peut être attribué au Gouvernement, chaque indiscrétion d'un journaliste oblige l'autorité à des déclarations qui ressemblent à des désaveux. Des articles officiels répondent à des paragraphes hasardés. Ainsi, par exemple, une ligne sur la Légion d'honneur a nécessité une déclaration formelle. Tout homme éclairé étoit convaincu que le Gouvernement n'avoit pu vouloir affliger nos magnanimes armées, par une mesure douloureuse pour tant de guerriers couverts de blessures, et en changeant la nature d'une récompense dont le prix est dans l'opinion. Cependant, parce que les Journaux sont subordonnés à une gêne particulière, il a fallu une explication particulière. Une assertion pareille dans les Journaux anglais n'auroit alarmé aucun des Ordres qui existent en Angleterre. C'est que les Journaux y sont libres et qu'aucune intervention de la police ne rend le Gouvernement solidaire de ce qu'ils publient.

Il en est de même pour ce qui concerne les individus. Quand les Journaux ne sont pas libres, le Gouvernement pouvant empêcher qu'on ne dise du mal de personne, ceux dont on dit le plus léger mal semblent être livrés aux journalistes par l'autorité. Le public ignore si tel article a été ordonné ou toléré, et le blâme prend un caractère semi-officiel qui le rend plus douloureux aussi bien que plus nuisible. Ceux qui en sont les objets en accusent le Gouvernement. Or, quelques précautions qu'entasse l'autorité, tout ce qui ressemble à des attaques individuelles ne sauroit être prévenu. Les précautions de ce genre ne font, chez un peuple spirituel et malin, qu'inviter la dextérité à les surmonter. Si les Journaux sont sous l'influence de la police, déconcerter la police par quelques phrases qu'elle ne saisit pas tout de suite, sera une preuve d'esprit. Or, qui est-ce qui se refuse parmi nous à donner une preuve d'esprit, s'il n'y a pas peine de mort?

Sous Buonaparte, une massue de fer étoit sans cesse levée. Tout se taisoit, parce que tout trembloit. Mais le Gouvernement actuel ne veut nullement être tyrannique. Il ne faut donc pas qu'il tente la vanité, en attachant un succès à s'affranchir de sa dépendance, puisqu'il a la noble modération, et qu'il se trouve dans l'heureuse nécessité de ne pouvoir attacher un grand péril à cette espèce de lutte.

La censure des Journaux fait donc ce premier mal, qu'elle donne plus d'influence à ce qu'ils peuvent dire de faux et de déplacé. Elle nécessite dans l'administration un mouvement inquiet et minutieux qui n'est pas conforme à sa dignité. Il faut, pour ainsi dire, que l'autorité courre après chaque paragraphe, pour l'invalider, de peur qu'il ne semble sanctionné par elle. Si, dans un pays, on ne pouvoit parler sans la permission du Gouvernement, chaque parole seroit officielle, et chaque fois qu'une imprudence échapperoit à quelqu'interlocuteur, il faudroit la contredire. Faites les Journaux libres, leurs assertions ne seront plus que de la causerie individuelle : faites-les dépendans, on croira toujours apercevoir dans cette causerie la préparation ou le préambule de quelque mesure ou de quelque loi.

En même temps les Journaux ont un autre inconvénient qu'on diroit ne pouvoir exister à côté de celui que nous venons d'indiquer. Si tout ce qu'ils contiennent d'équivoque et de fâcheux est un sujet d'alarme, ce qu'ils contiennent d'utile, de raisonnable, de favorable au Gouvernement, paroît dicté et perd son effet. J'aime toujours à m'appuyer d'exemples; ils éclaircissent mieux les idées.

Certainement la paix qui vient d'être faite, quelque différente qu'elle soit de celle qu'auroit pu faire Buonaparte à Dresde, et quelques regrets qu'elle puisse laisser à des Français victorieux pendant vingt campagnes, peut être suffisamment motivée par la présence de trois cent mille étrangers au cœur de la France, et maîtres de la capitale. Personne ne peut attribuer nos pertes au Gouvernement actuel, et c'est au renversement du despotisme antérieur que nous devons que ces pertes ne soient pas plus grandes. Mille raisons solides et convaincantes peuvent donc être alléguées pour nous consoler. Mais quand ces raisons ne sont développées que par des Journaux sous l'influence du Gouvernement, c'est toujours comme si le Gouvernement seul parloit. On ne voit pas là de l'assentiment, mais des répétitions commandées. Pour qu'un homme obtienne de la confiance, quand il dit une chose, il faut qu'on lui connoisse la faculté de dire le contraire, si le contraire étoit sa pensée. L'unanimité inspire toujours une prévention défavorable, et avec raison; car il n'y a jamais eu, sur des questions importantes et compliquées, d'unanimité sans servitude. En Angleterre, toutes les fois qu'un traité de paix est publié, il y a des journalistes qui l'attaquent, qui peignent l'Angleterre comme trahie, comme poussée à sa perte, et sur le bord d'un abîme. Mais le peuple, accoutumé à ces exagérations, ne s'en émeut pas: il n'examine que le fond des choses, et comme d'autres journalistes défendent la paix qu'on vient de conclure, l'opinion se forme; elle se calme par la discussion, au lieu de s'aigrir par la contrainte, et la nation est d'autant plus rassurée sur ses intérêts qu'elle les voit bien approfondis, discutés sous toutes leurs faces, et qu'on ne l'a pas condamnée à s'agiter au milieu d'objections que personne ne réfute, parce que personne n'a osé les proposer.

En second lieu, quand le Gouvernement n'a que des défenseurs privilégiés, il n'a qu'un nombre limité de défenseurs, et le hasard peut faire qu'il n'ait pas choisi les plus habiles. Il y a d'ailleurs des hommes, et ces hommes ont bien autant de valeur que d'autres, il y a des hommes qui défendroient volontiers ce qui leur paroît bon, mais qui ne veulent pas s'engager à ne rien blâmer. Quand le droit d'écrire dans les Journaux n'est accordé qu'à cette condition, ces hommes se taisent. Que le Gouvernement ouvre la lice, ils y entreront pour tout ce qu'il fera de juste et de sage. S'il a des adversaires, il aura des soutiens. Ces soutiens le serviront avec d'autant plus de zèle, qu'ils seront plus volontaires, avec d'autant plus de franchise qu'ils seront plus désintéressés, et ils auront d'autant plus d'influence qu'ils seront plus indépendans.

Mais cet avantage est inconciliable avec une censure quelle qu'elle soit. Car, dès que les Journaux ne sont publiés qu'avec l'autorisation du Gouvernement, il y a de l'inconvenance et du ridicule à ce que le Gouvernement fasse écrire contre ses propres mesures. Si le blâme allégué contre elles paroît fondé, on se demande pourquoi le Gouvernement les a prises, puisqu'il en connoissoit d'avance les imperfections. Si les raisonnemens sont foibles ou faux, on soupçonne l'autorité de les avoir affoiblis pour les réfuter.

Je passe à une troisième considération, beaucoup plus importante que toutes les précédentes. Mais je dois prier le lecteur de ne former aucun jugement, avant de m'avoir lu jusqu'au bout; car les premières lignes pourront lui suggérer des argumens plausibles en apparence, pour le système qui veut mettre les Journaux sous l'empire de l'autorité. Ce n'est que lorsque j'aurai développé les résultats de ce système que ses inconvéniens seront manifestes.

Il ne faut pas se le dissimuler, les Journaux agissent aujourd'hui exclusivement sur l'opinion de la France. La grande majorité de la classe éclairée lit beaucoup moins qu'avant la révolution. Elle ne lit presque point d'ouvrages d'une certaine étendue. Pour réparer ses pertes, chacun soigne ses affaires : pour se reposer de ses affaires, chacun soigne ses plaisirs. L'égoïsme actif et l'égoïsme paresseux se divisent notre vie. Les Journaux qui se présentent d'eux-mêmes, sans qu'on ait la peine de les chercher, qui séduisent un instant l'homme occupé, parce qu'ils sont courts, l'homme frivole, parce qu'ils n'exigent point d'attention, qui sollicitent le lecteur sans le contraindre, qui le captivent, précisément parce qu'ils n'ont pas la prétention de l'assujettir, enfin qui saisissent chacun, avant qu'il soit absorbé ou fatigué par les intérêts de la journée, sont à peu près la seule lecture. Cette assertion, vraie pour Paris, l'est encore bien plus pour les Départemens.

Les ouvrages dont les Journaux ne rendent pas compte restent inconnus ; ceux qu'ils condamnent sont rejetés.

Au premier coup-d'œil, cette influence des Journaux paroît inviter l'autorité à les tenir sous sa dépendance. Si rien ne circule que ce qu'ils insèrent, elle peut, en les subjuguant, empêcher la circulation de tout ce qui lui déplaît. On peut donc voir dans cette action de l'autorité un préservatif efficace.

Mais il en résulte que l'opinion de toute la France est le reflet de l'opinion de Paris.

Rappeler des époques, ce n'est pas les comparer. Je suis loin de penser que le Gouvernement actuel soit exposé aux mêmes dangers que les Gouvernemens antérieurs. D'augustes souvenirs, la sincérité des intentions et l'expérience du peuple sont, j'en suis sûr, de fortes garanties. Il est toutefois permis de s'appuyer des faits qui se sont passés, en reconnoissant la différence des circonstances.

Or, un fait incontestable, c'est que, durant la révolution, l'époque de 1789 exceptée, parce que le mouvement de 1789 étoit un mouvement national, Paris a tout fait, ou, pour parler plus exactement, tout s'est fait au nom de Paris, par des hommes souvent étrangers à cette Capitale, et contre lesquels la majorité de ses habitans étoit déclarée, mais qui toutefois, s'étant rendus maîtres du centre de l'Empire, étoient forts du prestige que ce poste leur prêtoit. De la sorte, à plus d'une reprise, et dans plus d'une journée, Paris a décidé des destinées de la France, soit en bien, soit en mal. Au 31 Mai, Paris a semblé prendre le parti du Comité de Salut Public, et le Comité de Salut Public a établi sans obstacle son épouvantable tyrannie. Au 18 Brumaire, Paris s'est soumis à Buonaparte, et Buonaparte a régné de Genève à Perpignan, et de Bruxelles à Toulon. Au 31 Mars, Paris s'est déclaré contre Buonaparte, et Buonaparte est tombé. Tous les Français éclairés l'avoient prévu et l'avoient affirmé. Les étrangers seuls ne vouloient pas le croire, parce que nulle autre Capitale n'exerce une influence aussi illimitée et aussi rapide. Durant toute la Révolution, il a suffi d'un décret, revêtu n'importe de quelles signatures, pourvu qu'il émanât de Paris, et qu'il fût constaté que Paris s'y conformoit, il a suffi, dis-je, d'un pareil décret, pour que l'obéissance, et ce qui est plus, le concours des Français fut immédiat et entier. Quand il s'est agi de renverser Buonaparte, cette obéissance et ce concours ont eu des résultats très-heureux ; mais comme cependant cet état de choses enlève à trente millions d'hommes toute vie politique, toute activité spontanée, tout jugement propre, il ne peut être ni désiré, ni consacré en principe.

Nous ne voyons rien de pareil en Angleterre. Les agitations qui peuvent se faire sentir à Londres, troublent sans doute sa tranquillité, mais ne sont nullement dangereuses pour la constitution même. Quand lord Georges Gordon, en 1780, souleva la populace, et, à la tête de plus de vingt mille factieux, remporta sur la force publique une victoire momentanée, on craignit pour la Banque, pour la vie des Ministres, pour cette partie de la prospérité anglaise qui tient aux établissemens de la Capitale. Mais il ne vint dans la tête de personne que le Gouvernement fut menacé. Le Roi et le Parlement, à vingt milles de Londres, ou même, en supposant, ce qui n'était pas, qu'une portion du Parlement eut trempé dans la sédition, la portion saine de cette Assemblée avec le Roi, se seroient retrouvés en pleine sûreté.

D'où vient cette différence ? de ce qu'une opinion nationale indépendante du mouvement donné à la Capitale, existe en Angleterre d'un bout de l'île à l'autre, et jusque dans le plus petit bourg des Hébrides. Or, quand un Gouvernement repose sur une opinion répandue dans tout l'Empire, et qu'aucune secousse partielle ne peut ébranler, sa base est dans l'Empire entier. Cette base est large, et rien ne peut le mettre en péril. Mais quand l'opinion de tout l'Empire est soumise à l'opinion apparente de la Capitale, ce Gouvernement n'a sa base que dans cette capitale. Il est, pour ainsi dire, sur une pyramide, et la chute de la pyramide entraîne le renversement universel.

Certes, il n'est pas désirable pour une autorité qui ne veut ni ne peut être tyrannique, pour une autorité qui ne veut ni ne peut gouverner à coups de hache, comme Buonaparte, il n'est pas désirable, dis-je, pour une telle autorité, que toute la force morale de trente millions d'hommes soit l'instrument aveugle d'une seule ville, dont les véritables citoyens sont très-bien disposés sans doute, mais où viennent affluer de toutes parts tous les hommes sans ressource, tous les audacieux, tous les mécontens, tous ceux que leurs habitudes rendent immoraux, ou que leur situation rend téméraires.

Il est donc essentiel pour le Gouvernement qu'on puisse créer dans toutes les parties de la France une opinion juste, forte, indépendante de celle de Paris sans lui être opposée, et qui, d'accord avec les véritables sentimens de ses habitans, ne se laisse jamais aveugler par une opinion factice. Cela est désirable pour Paris même.

Si une telle opinion eut existé en France, les Parisiens au 31 Mai n'auroient été asservis que passagèrement, et bientôt leurs concitoyens des provinces les auroient délivrés.

Mais comment créer une opinion pareille ? je l'ai déjà dit, les Journaux seuls la créent. Les citoyens des départemens ne sont assurément ni moins susceptibles de lumières, ni moins remplis de bonnes intentions que les Parisiens. Mais, pour que leurs lumières soient applicables, et que leurs bonnes intentions ne soient pas stériles, ils doivent connoître l'état des choses. Or, les Journaux seuls le leur font connoître.

En Angleterre même, où les existences sont plus établies, et où par conséquent il y a plus de repos dans les esprits et plus de loisir individuel, ce sont les Journaux qui ont fait naître et qui ont vivifié l'opinion nationale.

J'invoque à ce sujet l'autorité de Delolme. « Cette extrême sûreté, dit-il, avec laquelle cha-
» cun peut communiquer ses idées au Public,
» et le grand intérêt que chacun prend à tout
» ce qui tient au Gouvernement, y ont extraor-
» dinairement multiplié les Journaux. Indépen-
» damment de ceux qui, se publiant au bout de

» l'année, du mois, ou de la semaine, font la
» récapitulation de tout ce qui s'est dit ou fait
» d'intéressant durant ces différentes périodes, il
» en est plusieurs qui, paroissant journellement
» ou de deux jours l'un, annoncent au Public
» les opérations du Gouvernement, ainsi que les
» diverses causes importantes, soit au civil, soit
» au criminel. Dans le temps de la session du
» Parlement, les votes ou résolutions journalières
» de la Chambre des Communes sont publiées
» avec autorisation, et les discussions les plus
» intéressantes prononcées dans les deux Cham-
» bres sont recueillies en notes et pareillement
» communiquées au Public, par la voie de l'im-
» pression. Enfin, il n'y a pas jusqu'aux anec-
» dotes particulières de la Capitale et des Pro-
» vinces qui ne viennent encore grossir le volume,
» et les divers papiers circulent et se réimpriment
» dans les différentes villes, se distribuent même
» dans les campagnes, où tous, jusques aux la-
» boureurs, les lisent avec empressement. Chaque
» particulier se voit tous les jours instruit de l'état
» de la nation, d'une extrémité à l'autre de la
» Grande-Bretagne ; et la communication est
» telle, que les trois royaumes semblent ne faire
» qu'une seule ville. Qu'on ne croie pas, conti-
» nue-t-il, que je parle avec trop de magnifi-

» cence de cet effet des papiers publics. Je sais
» que toutes les pièces qu'ils renferment ne sont
» pas des modèles de logique ou de bonne plai-
» santerie. Mais d'un autre côté, il n'arrive ja-
» mais qu'un objet intéressant véritablement les
» les lois, ou en général le bien de l'état, manque
» de réveiller quelque plume habile, qui, sous
» une forme ou sous une autre, présente ses ob-
» servations..... De là vient que par la vivacité
» avec laquelle tout se communique, la nation
» forme, pour ainsi dire, un tout animé et plein
» de vie, dont aucune partie ne peut être touchée
» sans exciter une sensibilité universelle, et où
» la cause de chacun est réellement la cause de
» tous. »

Mais pour que les Journaux produisent cet effet noble et salutaire, il faut qu'ils soient libres. Quand ils ne le sont pas, ils empêchent bien l'opinion de se former, mais ils ne forment pas l'opinion. On lit leurs raisonnemens avec dédain, et leurs récits avec défiance. On voit dans les premiers, non des argumens, mais des volontés; on voit dans les seconds, non pas des faits, mais des intentions secrètes. On ne dit point, voici qui est vrai ou faux, juste ou erroné; on dit : voilà ce que le Gouvernement pense, ou plus encore ce qu'il veut faire penser.

La liberté des Journaux donneroit à la France une existence nouvelle ; elle l'identifieroit avec sa constitution, son gouvernement et ses intérêts publics. Elle feroit naître une confiance qui n'a existé dans aucun temps. Elle établiroit cette correspondance de pensées, de réflexions, de connoissances politiques, qui fait que Manchester, York, Liverpool, Darby, Birmingham sont des foyers de lumières aussi-bien que d'industrie. En disséminant ces lumières, elle empêcheroit qu'une agitation passagère, au centre du Royaume, ne devînt une calamité pour l'ensemble jusques dans ses parties les plus éloignées. L'indépendance des Journaux, loin d'être dangereuse aux Gouvernemens justes et libres, leur prépare sur tous les points de leur territoire, des défenseurs fidèles, parce qu'ils sont éclairés, forts, parce qu'ils ont des opinions et des sentimens à eux.

Je prévois deux objections, l'une destinée à nous effrayer sur l'avenir, l'autre qui s'appuie sur l'exemple du passé.

Vous ouvrez, dira-t-on, une carrière immense à la diffamation, à la calomnie, à une persécution journalière, qui, pénétrant dans les relations les plus intimes, ou rappelant les faits les plus oubliés, devient, pour ceux qu'elle frappe ainsi sans relâche, un véritable supplice.

Je réponds d'abord avec Delolme : « Bien
» loin que la liberté de la presse soit une chose
» funeste à la réputation des particuliers, elle
» en est le plus sûr rempart. Lorsqu'il n'existe
» aucun moyen de communiquer avec le pu-
» blic, chacun est exposé sans défense aux coups
» secrets de la malignité et de l'envie. L'homme
» en place perd son honneur, le négociant son
» crédit, le particulier sa réputation de probité,
» sans connoître ses ennemis ni leur marche.
» Mais lorsqu'il existe une presse libre, l'homme
» innocent met tout de suite les choses au grand
» jour, et confond tous ses accusateurs à la fois. »

Je réponds ensuite que la calomnie est un délit, qui doit être puni par les lois et ne peut être puni que par elles; qu'imposer silence aux citoyens de peur qu'ils ne le commettent, c'est les empêcher de sortir, de peur qu'ils ne troublent la tranquillité des rues ou des grandes routes; c'est les empêcher de parler de peur qu'ils n'injurient; c'est violer un droit certain et incontestable pour prévenir un mal incertain et présumé (1).

---

(1) On a en général parmi nous une propension remarquable à jeter loin de soi tout ce qui entraîne le plus petit inconvénient, sans examiner si cette renonciation précipitée n'entraîne pas un inconvénient durable. Un juge-

Considérez de plus que de tous les auteurs, les Journalistes seront nécessairement les plus

---

ment qui paraît défectueux est-il prononcé par des Jurés ? on demande la suppression des Jurés. Un libelle circule-t-il ? on demande la suppression de la liberté de la Presse. Une proposition hasardée est-elle émise à la tribune ? on demande la suppression de toute discussion, ou proposition publique. Il est certain que ce système, bien exécuté, atteindroit son but. S'il n'y avoit pas de Jurés, les Jurés ne se tromperoient pas. S'il n'y avoit pas de livres, il n'y auroit pas de libelles. S'il n'y avoit pas de tribune, on ne seroit plus exposé à s'égarer à la tribune. Mais on pourroit perfectionner encore cette théorie. Les tribunaux, quelleque fut leur forme, ont par fois condamné des innocens, on pourroit supprimer les tribunaux. Les armées ont commis souvent de très-grands désordres, on pourroit supprimer les armées. La religion a causé la St.-Barthelemy, on pourroit supprimer la religion. Chacune de ces suppressions nous délivreroit de l'inconvénient que la chose entraîne. Il n'y a que deux difficultés : c'est que, dans plusieurs cas, la suppression est impossible, et que dans ceux où elle est possible, la privation qui en résulte est un mal qui l'emporte sur le bien. On peut supprimer les Jurés; mais on renonce à la sauve-garde la plus assurée de l'innocence. On peut supprimer les discussions publiques; mais on ôte aux Nations leurs organes, on les détache de leurs intérêts, on frappe de stupeur le corps politique. Quant à la liberté de la Presse, la suppression n'est possible qu'en apparence. On

réservés sur la calomnie, si les lois sont bien faites, et si leur application est prompte et as-

---

l'a dit mille fois, et il est triste qu'il faille le répéter : en gênant la publication des écrits, vous favorisez la circulation des libelles ; vous entourez de contrainte ce qui peut être utile : mais votre filet ne sera jamais assez fort pour arrêter ce qui est dangereux. Il faut prendre garde de se faire illusion sur l'effet des lois. En les proposant, on suppose qu'elles seront obéies, et l'on appelle factieux ceux qui ont le malheur de prévoir la désobéissance. On les accuse d'une intention. Ils ne disent qu'un fait, et l'on est tout surpris quand le fait se réalise. Ces lois prohibitives ont de plus un vice que j'ai déjà remarqué. Elles créent des délits factices, qui se placent à côté des délits naturels, et qui obscurcissent les idées morales. La calomnie, la diffamation, les provocations à la révolte sont des actions coupables par leur nature. La publication d'un livre qui n'a pas subi l'examen de la censure, c'est-à-dire l'action de manifester son opinion sans l'avoir soumise à l'opinion d'un autre, n'est un délit que parce la loi l'a créé tel. Mais beaucoup d'hommes qui n'auroient pas commis le premier délit, entraînés à commetre le second, par un sentiment d'indépendance, ou par cet amour-propre inhérent aux écrivains, et qui répugne à des retranchemens nuisibles au succès dont ils se flattent, seront inquiets, irrités par l'inquiétude, et commettront les deux délits à la fois. Ce qui préserve du crime la majorité des hommes, c'est la conscience de n'avoir jamais franchi la ligne de l'innocence. Plus on resserre cette

surée. Les Journaux ne peuvent pas s'imprimer clandestinement. Les propriétaires et les rédac-

---

ligne, plus on les expose à la transgresser : et quelque légère que soit l'infraction, par cela seul qu'ils ont vaincu le premier scrupule, ils ont perdu leur sauve-garde la plus assurée. Il faut donc ne créer, dans la société, des délits factices, que le plus rarement qu'il est possible. Il faut observer cette règle envers les écrivains, comme envers toutes les autres classes, et se garder surtout, le plus qu'on le peut, de leur donner le sentiment pénible d'être garotté par d'inutiles entraves. Décrétez la liberté de la presse : tous les écrivains verront dans la Constitution qui leur garantit leurs droits, un pouvoir protecteur. Il n'y a pas d'exemple en Angleterre qu'un homme ait écrit contre la Constitution. Restreignez la liberté de la presse : les écrivains verront dans la Constitution qui les gêne un pouvoir hostile; et si par hasard la Constitution consacre la liberté, et que la loi l'anéantisse, ils ne verront dans la Constitution que de l'impuissance, et dans la loi que de l'arbitraire. Dira-t-on que j'attache une trop grande importance aux écrivains? on se trompe; je sais mieux qu'un autre combien aujourd'hui leur influence est foible et bornée. Mais il seroit pourtant nécessaire de décider sous quel point de vue on veut les considérer. S'ils forment une classe tellement insignifiante, pourquoi tant de précautions? S'ils ont quelqu'importance, pourquoi la Puissance ne veut-elle pas les attacher à sa cause? Et leurs prétentions ne sont pas excessives : ils demandent à être traités comme tous les citoyens, à

teurs sont connus du gouvernement et du public. Ils offrent plus de prise à la responsabilité qu'aucune autre classe d'écrivains, car ils ne peuvent jamais se soustraire à l'action légale de l'autorité.

Voilà ma réponse pour ce qui constitue la calomnie et la diffamation proprement dites (1).

être responsables de leurs actes, à être jugés d'après leur conduite, mais à n'être pas gênés arbitrairement avant le délit.

(1) On regarde une loi précise sur la calomnie comme très-difficile à rédiger. Je crois que le problème peut se résoudre d'un mot. Les actions des particuliers n'appartiennent point au public. L'homme auquel les actions d'un autre ne nuisent pas n'a pas le droit de les publier. La liberté de la presse existe en Angleterre : cependant si un journaliste publioit qu'un homme a commis un acte contraire à la probité, ou alléguoit contre une femme une de ces accusations dont la fausseté ne se prouve pas, il ne seroit point admis à en faire la preuve, et il seroit condamné comme libelliste. Cette règle est essentielle à établir, surtout pour les journaux. Elle ne limite point la liberté de la presse, et cependant elle en écarte le principal danger. Décrétez que tout homme qui insérera dans un journal, ou dans un pamphlet, le nom d'un individu, de manière à compromettre son honneur ou sa fortune, sans y avoir un intérêt légal, c'est-à-dire, quand il n'aura pas souffert dans lui-même ou dans les siens, un dommage causé par le fait qu'il publie, sera condamné

Quant aux attaques qui sont moins graves, il vaut mieux s'habituer aux intempéries de l'air que de

---

à des peines sévères, sans être admis à aucune preuve, et que l'individu nommé obtiendra, par la simple exhibition de la feuille où il sera outragé, la condamnation de celui qui l'aura attaqué témérairement et sans motif. Étendez cette règle aux fonctionnaires publics, dans tout ce qui tient à leur existence privée. Les lois et les actes ministériels doivent, dans un pays libre, pouvoir être examinés sans réserve : mais les Ministres, comme individus, doivent jouir des mêmes droits que tous les individus. Ainsi, lorsqu'une loi est proposée, liberté entière sur cette loi : lorsqu'un acte arbitraire a été commis, liberté entière pour faire connoître cet acte : car un acte arbitraire ne nuit pas seulement à celui qui en est victime, mais à tous les citoyens qui peuvent être victimes à leur tour. Mais si, dans l'examen de la loi, ou en faisant connoître l'acte arbitraire, l'écrivain cite des faits étrangers à cette loi ou à cet acte, et désavantageux au Ministre, dans son caractère privé, qu'il soit puni comme libelliste, les faits fussent-ils constatés.

Cette loi purement répressive répond à la plupart des objections qu'on allègue. Pour le prouver, je transcris ces objections, qui ont été récemment reproduites avec force et clarté dans un de nos journaux. « Si ma femme ou ma famille sont calomniées, dit le journaliste, les ferai-je sortir de leur modeste obscurité, pour poursuivre le calomniateur devant un tribunal ? Parlerai-je de leur honneur outragé, devant ce public léger et frivole qui

vivre dans un souterrain. Quand les Journaux sont libres, comme en Angleterre, les citoyens s'aguerrissent. La moindre désapprobation, le moindre sarcasme ne leur font pas des blessures mortelles. Pour repoussser des accusations odieuses, ils ont les Tribunaux : pour garantir leur amour propre, ils ont l'indifférence ; celle du public d'abord, qui est très-grande, beaucoup plus qu'ils ne le croient, et ensuite la leur, qui leur vient

---

rit toujours de ces sortes d'accusations, et qui répète sans cesse que les femmes les plus vertueuses sont celles qu'il ne connoît pas ? Si je suis calomnié moi-même, irai-je plaider, pendant six mois, devant des juges qui ne me connaissent point, et courir le risque de perdre mon procès, après avoir perdu beaucoup de temps et dépensé beaucoup d'argent pour payer des avocats ? Il est beaucoup de gens qui aimeront mieux supporter la calomnie, que de poursuivre une procédure dispendieuse : on nous aura délivré des censeurs pour nous renvoyer à des juges ; nous aurons toujours affaire à des hommes dont les jugemens sont incertains, et qui pourront, au gré de leurs passions, décider de notre réputation, de notre repos et du bonheur de notre vie. »

Rien de tout cela n'existera. Il n'y aura point de longueurs dans une procédure qui ne consistera que dans l'application de la loi. Il n'y aura point d'examen de la vérité du fait. On ne descendra point dans l'intérieur des familles. Les citoyens outragés qui s'adresseront aux

par l'habitude. Ce n'est que quand la publicité est gênée, que chacun se montre d'autant plus susceptible qu'il se croyoit plus à l'abri. La peau devient si fine sous cette cuirasse, que le sang coule à la première égratignure faite par une main adroite au défaut de la cuirasse.

Je sais que maintenant on appelle cette irritabilité délicatesse, et qu'on veut transformer une foiblesse en vertu. On nous dit que nous perdrons par la liberté de la presse cette fleur de politesse

---

tribunaux n'auront point à craindre d'être désolés par des demi-preuves, par des insinuations, par des rapprochemens perfides. Le nom du plaignant se trouvant dans l'écrit même servira de pièce de conviction ; le nom de l'auteur étant constaté, le tribunal appliquera les peines immédiatement ; et ces peines infligées tout de suite et rigoureusement exécutées, mettront bien vite un terme à ce genre d'agression. Qu'on empêche les délits futurs en punissant les délits passés : c'est le châtiment d'un assassin, qui nous garantit de l'assassinat.

On élude cette règle en Angleterre en retranchant une seule lettre du nom de l'individu qu'on veut désigner. Mais déclarez que dans les journaux les initiales ou les noms ainsi défigurés sont un délit : soumettez de même l'auteur à une peine. La liberté de la presse ne souffrira point de cette loi. Ce mode de désigner les individus ne peut jamais avoir un but légitime. Le punir n'a aucun inconvénient pour la liberté.

et cette sensibilité exquise qui nous distingue. En lisant ces raisonnemens, je n'ai pu m'empêcher de me demander si, en réalité, cette protection que la censure accorde à toutes les susceptibilités individuelles avoit eu l'effet qu'on lui attribue. Sous Buonaparte, certes, la liberté de la presse et des Journaux a été suffisamment restreinte. Les hommes ainsi protégés ont-ils été plus purs, plus délicats, plus irréprochables ? Il me semble que les mœurs et les vertus n'ont pas beaucoup gagné à ce silence universel. De ce qu'on ne prononçoit pas les mots, il ne s'en est pas suivi que les choses aient moins existé; et toutes ces femmes de César me paroissent ne pas vouloir être soupçonnées pour être plus commodément coupables.

J'ajouterai que la véritable délicatesse consiste à ne pas attaquer les hommes, en leur refusant la faculté de répondre ; et cette délicatesse, au moins, ce n'est pas celle que l'asservissement des Journaux nourrit et encourage. J'aime à reconnoître que dans le moment actuel les dépositaires de l'autorité ont le mérite d'empêcher que l'on n'attaque leurs ennemis. C'est un ménagement qui leur fait honneur ; mais ce n'est pas une garantie durable, puisque ce ménagement est un pur effet de leur volonté. A d'autres époques les Journaux esclaves ont servi d'artillerie contre les vaincus, et ce qu'on appeloit délicatesse aboutissoit à ne pas se permettre un mot contre le pouvoir.

Quand j'étois en Angleterre, je parcourois avec plaisir les Journaux qui attaquoient les ministres disgraciés, parce que je savois que d'autres Journaux pouvoient les défendre. Je m'amusois des caricatures contre M. Fox renvoyé du ministère, parce que les amis de M. Fox faisoient des caricatures contre M. Pitt, premier ministre. Mais la gaîté contre les foibles me semble une triste gaîté. Mon âme se refuse à remarquer le ridicule, quand ceux qu'on raille sont désarmés, et je ne sais pas écouter l'accusation, quand l'accusé doit se taire. Cette habitude corrompt un peuple : elle détruit toute délicatesse réelle, et cette considération pourroit bien être un peu plus importante que la conservation intacte de ce qu'on appelle la fleur de la politesse et de la *tenue* française.

La seconde objection se tire des exemples de notre révolution. La liberté des Journaux a existé, dit-on, à une époque célèbre, et le Gouvernement d'alors, pour n'être pas renversé, a été contraint de recourir à la force. Il est difficile de réfuter cette objection sans réveiller des souvenirs que je voudrois ne pas agiter. Je dirai donc seulement qu'il est vrai, que durant quelques mois la liberté des Journaux a existé, mais qu'en même temps elle étoit toujours menacée ; que le Directoire demandoit des lois prohibitives, que les Conseils étoient sans cesse au moment de les décréter ; qu'en conséquence, ces menaces, ces annonces de prohibitions, jetoient dans les esprits une inquiétude, qui, en les troublant dans la jouissance, les excitoit à l'abus. Ils attaquoient, pour se défendre, sachant qu'on se préparoit à les attaquer.

Je dirai ensuite qu'à cette époque, il existoit beaucoup de lois injustes, beaucoup de lois vexatoires, beaucoup de restes de proscriptions, et que la liberté des Journaux pouvoit être redoutable pour un Gouvernement qui croyoit nécessaire de conserver ce triste héritage. En général, quand j'affirme que la liberté des Journaux est utile au Gouvernement, c'est en le supposant juste dans le principe, sincère dans ses intentions, et placé dans une situation où il n'ait pas à maintenir des mesures iniques de bannissement, d'exil, de déportation. Le Gouvernement actuel se trouve dans cette position heureuse. L'alarmer par des exemples qui ne lui sont en rien applicables, c'est à la fois lui faire injure et lui faire tort.

D'ailleurs, l'exemple même, suivi jusqu'au bout, n'invite guères, ce me semble, à l'imitation. Le Directoire s'est alarmé de la liberté des Journaux, il a employé la force pour l'étouffer, il y est parvenu : mais qu'est-il résulté de son triomphe ?

Dans toutes les réflexions que l'on vient de lire, je n'ai considéré ce sujet que sous le rapport de l'intérêt du Gouvernement ; que n'aurois-je pas à dire, si je traitois de l'intérêt de la liberté, de la sûreté individuelle ? L'unique garantie des citoyens contre l'arbitraire, c'est la publicité, et la publicité la plus facile et la plus régulière est celle que procurent les Journaux. Des arrestations illégales, des exils non moins illégaux, peuvent avoir lieu, malgré la Constitution la mieux rédigée, et contre l'intention du Monarque. Qui les connoîtra, si la presse est comprimée ? Le Roi lui-même peut les ignorer. Or, si vous convenez qu'il est utile qu'on les connoisse, pourquoi mettez-vous un obstacle au moyen le plus sûr et le plus rapide de les dénoncer ?

J'ai cru ces observations dignes de l'attention des hommes éclairés, dans un moment où l'opinion réclame également et des lois suffisantes et une liberté indispensable.

Jamais aucune époque n'offrit plus de chances pour le triomphe de la raison. Jamais Gouvernement ne fut entouré de plus de vœux, d'un désir plus sincère de jouir, sous son égide, des avantages d'une Constitution libre (1). J'ai donc

---

(1) Qu'il me soit permis de citer à ce sujet un écrivain distingué par une raison très-éclairée, et par d'excellens ouvrages. Je rapporte ses propres paroles avec d'autant plus de plaisir, que ce m'est à la fois une occasion de m'enorgueillir de son amitié, et un moyen d'exprimer ma pensée bien mieux que je ne pourrois le faire.

« La raison peut seule aujourd'hui, dit M. Guizot, » acquérir un pouvoir réel et durable : on est en garde » contre tous les prestiges : partout on croit voir un » piége ou un danger. On ne parle que de modération, » même sans comprendre ce que ce mot veut dire. Dès » qu'on approche de quelque opinion extrême, on se » croit déjà dans l'abîme : une sorte de sagesse timide, » fruit de l'expérience, plutôt que de la réflexion, règne » dans tous les esprits et en écarte toute prétention exa-» gérée. On se méfie de l'éloquence, de l'enthousiasme : » celui qui en prendroit le ton, loin d'entraîner, inspi-» reroit d'abord un préjugé défavorable : on est disposé » à regarder la véhémence comme le langage de l'erreur, » et un homme qui chercheroit à émouvoir les passions, » à saisir l'imagination, n'obtiendroit que peu de crédit.

» Cette disposition est générale : on la retrouve sous » toutes les formes ; *et ceux qui l'ont bien observée au-* » *ront peu de peine à se convaincre qu'une entière li-*

pensé qu'il étoit utile de prouver que tous les genres de liberté tournoient à l'avantage du Gouvernement, quand il étoit loyal et juste.

Je ne me suis point laissé arrêter par une difficulté bizarre qu'on ne cesse d'opposer à ceux qui veulent appuyer leurs raisonnemens des exemples que nous avons sous les yeux. J'ai cité l'Angleterre, faute de pouvoir citer un autre pays qui nous présentât des leçons pareilles. Certes, je voudrois bien avoir pu varier mes citations, et avoir trouvé en Europe plusieurs pays à citer de même (1). J'ai cité l'Angleterre,

---

» berté de la presse seroit aujourd'hui, du moins sous
» le rapport politique, presque sans aucun danger ; ceux
» qui la redoutent, se croient encore au commencement
» de notre révolution, à cette époque où toutes les passions
» ne demandoient qu'à éclater, où la violence étoit po-
» pulaire, où la raison n'obtenoit qu'un sourire dédai-
» gneux. Rien ne se ressemble moins que ce temps et le
» nôtre ; et de cela même qu'une liberté illimitée a causé
» alors les maux les plus funestes, on peut en inférer, si
» je ne me trompe, qu'elle en entraîneroit fort peu au-
» jourd'hui. »

(1) Je me suis aperçu en relisant cette Brochure que j'étois tombé dans une erreur assez grave, en indiquant l'Angleterre comme le seul pays où l'on eût joui de la liberté de la presse. J'avois oublié, je ne sais comment, la Suède, le Danemarck, la Prusse, et tous les autres

malgré les hommes qui prétendent qu'il est indigne de nous d'imiter nos voisins, et d'être libres et heureux à leur manière.

Etats protestans de l'Allemagne. En Suède, la liberté de la presse est illimitée, et dans cette liberté on a long-tems compris celle des journaux. Ce n'est que depuis peu d'années, depuis 1810, si je ne me trompe, que de légères restrictions ont été établies pour les feuilles périodiques, et ces restrictions n'ont point été l'effet des inconvéniens que la liberté avoit entraînés. Elles ont eu lieu dans un moment où la Suède n'avoit pas encore rompu ses relations avec Buonaparte, et craignoit d'irriter ce despote ombrageux dont l'oreille se repaissoit de silence. La liberté des journaux n'a jamais produit en Suède aucun désordre intérieur ; elle n'a été limitée que pour complaire à l'homme tout-puissant que l'Europe entière étoit obligée de ménager. La guerre qui vient de se terminer a détourné l'attention du gouvernement de cet objet : il n'a pas songé à révoquer une loi qui s'exécute à peine. Mais je tiens de la personne même qui a exercé cette censure avec une libéralité digne d'éloges, que l'une des premières opérations de la diète qui doit se réunir incessamment, sera de l'abroger. En Danemarck, sous le glorieux ministère du comte Bernstorff, la liberté de la presse étoit tellement illimitée, que les libraires de plusieurs pays avoient des établissemens à Copenhague, pour y faire imprimer tout ce qu'ils ne pouvoient publier eux-mêmes. Il n'y a eu de prohibitions en Danemarck, à cet égard, que depuis le

Il me semble que nous n'avons pas eu assez à nous louer de l'originalité de nos tentatives pour redouter à ce point l'imitation, ou plutôt

règne de Buonaparte, et elles ont été motivées sur les demandes de ce tyran de l'univers. En Prusse, comme je l'ai dit ailleurs, durant tout le règne de Frédéric le Grand, depuis 1740 jusqu'en 1786, il y eut pour toutes les publications liberté entière. Jamais règne ne fut plus illustre et plus tranquille. Des théologiens voulurent, après la mort de ce prince, établir une censure, et la lutte de l'opinion contre cette tentative est encore fameuse dans les annales de l'Allemagne littéraire. La censure n'a pas été abolie de droit; mais elle a complétement cessé de fait, et aujourd'hui chacun imprime à Berlin ce qui lui plaît, sauf à en répondre. Dans des États d'une moindre étendue, cette liberté n'étoit pas moins grande. En 1789, des hommes de lettres du petit pays de Brunsvick, ne sachant s'ils oseroient parler de notre révolution, demandèrent à leur souverain l'établissement d'une censure. Il la refusa, ne voulant pas blesser par cette mesure l'opinion publique en Allemagne. On imprima donc à Brunsvick toutes sortes d'ouvrages depuis cette époque, comme auparavant; et tandis que le duc de Brunsvick étoit en Champagne, on publioit toutes les semaines dans sa capitale un journal destiné à défendre la cause française. Il n'y a cependant pas eu dans toute l'Allemagne, au moment où l'Europe étoit en feu, une seule sédition; car on ne peut appeler ainsi l'adhésion forcée donnée postérieurement par des vaincus aux proje dirai que n'ayant fait qu'imiter dans nos erreurs, tantôt de petites démocraties orageuses, sans égard aux différences des temps et des lieux,

clamations de leurs vainqueurs. Partout où nos armées n'ont pas pénétré, les Allemands sont restés non-seulement fidèles, mais profondément attachés aux familles qui les gouvernoient; et à mesure que nos troupes ont quitté cette contrée, les peuples se sont livrés avec passion à la joie de revoir leurs anciens chefs.

Je m'appuie de ces exemples avec d'autant plus d'empressement, que je me suis vu accusé de partialité pour l'Angleterre. Assurément, j'admire et je respecte les institutions d'un peuple qui, soutenu par elles, a résisté seul à l'envahissement universel; mais ce respect pour des institutions qui ont sauvé l'Europe, ne m'inspire point de prévention exclusive, et je suis heureux de reconnoître les avantages dont les autres peuples peuvent se féliciter. Si j'ai souvent rendu hommage à la forme du gouvernement anglais, si j'ai paru désirer que la monarchie constitutionnelle de la France s'élevât sur les mêmes bases, c'est que l'expérience d'un siècle et demi de bonheur est pour moi d'un grand poids. J'ai recommandé, non pas l'imitation servile, mais l'étude approfondie de la constitution anglaise, et son application parmi nous dans tout ce qui peut nous convenir; je l'ai recommandée, par amour pour la France, pour cette France que ma famille n'avoit quittée, que parce qu'elle avoit été poursuivie par une intolérance barbare; pour cette France, où une loi formelle nous a rappelés, où tantôt un despotisme grossier, sans respect pour la civilisation contemporaine, nous n'aurions pas à rougir d'une imitation de plus, qui concilie nos habitudes avec nos droits, nos souvenirs avec nos lumières, et tout ce que nous pouvons conserver du passé avec les besoins invincibles et impérieux du présent, besoins invincibles et impérieux, dis-je, car il est manifeste pour tout homme qui ne veut pas se tromper ou tromper les autres, que ce que la Nation française vouloit en 1789, c'est-à-dire, une liberté raisonnable, elle le veut encore aujourd'hui, et je conclus de cette persistance, qui, malgré tant de malheurs, se reproduit depuis vingt-cinq ans, chaque fois que l'opinion ressaisit la faculté de se faire entendre, que la Nation ne peut pas cesser de vouloir cette liberté raisonnable et de la chercher (1).

---

mon père est venu finir ses jours, où nous avons retrouvé nos droits, en renonçant, comme la loi l'exigeoit, à tout droit quelconque dans tout autre pays; pour cette France, enfin, notre seule patrie : car cette renonciation, voulue par la loi, et condition expresse, prescrite en échange de son bénéfice, cette renonciation consommée depuis vingt-quatre ans, et suivie de vingt années de jouissance des droits de cité en France, nous rendroit étrangers sur toute la terre, si nous n'étions pas Français.

(1) Depuis que le projet de loi sur la liberté de la presse

a été présenté à la Chambre des Députés, les inconvéniens de ce projet, comme institution durable, ont suggéré l'idée d'une reconnoissance du principe de la liberté illimitée, et d'une suspension momentanée de cette liberté. Il me semble que cette mesure priveroit le gouvernement d'un avantage qui le distingue glorieusement de tous ceux que nous avons eus depuis la révolution. Il est le seul qui n'ait pas proposé d'enfreindre la constitution à l'instant même où elle venoit d'être proclamée. A peine avoit-on fait accepter au peuple français, en 1795, la constitution dite de l'an 3, qu'une loi fameuse sous le nom de loi du 3 brumaire, et décrétée deux jours avant la constitution, vint suspendre plusieurs de ses articles les plus importans. On motiva la loi du 3 brumaire sur les circonstances : de circonstance en circonstance, on arriva à la suspension de presque toutes les garanties constitutionnelles, et la constitution de l'an trois, violée pendant cinq ans, périt enfin au 18 brumaire. A peine Buonaparte avoit-il imposé la constitution dite de l'an huit, qu'il fit mettre plusieurs départemens hors de cette constitution. Il motiva ces mesures sur les circonstances, et de circonstance en circonstance, on arriva aux tribunaux spéciaux, au procès de Moreau, à l'empire, aux sénatus-consultes organiques, et quatorze ans s'écoulèrent sans qu'on pût rentrer une seule fois, pour un seul jour, dans la constitution de l'an huit. Le gouvernement actuel nous a donné le noble spectacle d'une constitution respectée dès sa naissance (car il ne faut pas argumenter de quelques inadvertances passagères dans quelques fonctionnaires publics, inadvertances qui ne sont que l'effet d'une inexpérience inévitable). Que le gouvernement ne renonce pas à ce privilége qui constate à la fois et ses lumières et sa loyauté !

On veut excuser le projet d'une suspension momentanée de la liberté de la presse par l'exemple de la suspension de l'*habeas corpus* en Angleterre : mais de toutes les libertés, celle de la presse est peut-être la seule qu'il soit indispensable de ne jamais suspendre, parce qu'elle est la garantie de toutes les autres. Si vous suspendez l'*habeas corpus* et que vous conserviez la liberté de la presse, celle-ci vous servira à réprimer l'abus qu'on pourroit faire de la suspension de l'*habeas corpus*. Mais si vous suspendez la liberté de la presse, l'*habeas corpus* devient une sauve-garde très-peu assurée : car on saura beaucoup plus difficilement s'il est violé.

L'on s'autorise encore de l'exemple des Anglais, en affirmant que la liberté de la presse a été suspendue chez eux, et que la suspension n'a cessé que six ans après la révolution de 1688. Ainsi, par une singulière déviation de leurs propres principes, les mêmes hommes qui prétendent que nous ne devons pas imiter les Anglais dans ce que leurs institutions ont de libre, n'aperçoivent pas plutôt dans leurs mesures une atteinte apparente à la liberté, qu'ils nous la proposent pour modèle. Mais premièrement le fait est faux, et en second lieu, quand il seroit vrai, il ne nous seroit pas applicable.

La liberté de la presse n'a jamais été suspendue en Angleterre. Car le mot de suspension implique une jouissance antérieure de la faculté dont l'usage est suspendu. Or, les Anglais n'avaient jamais joui d'une entière liberté de la presse, avant l'époque où elle leur a été assurée par l'abolition des anciennes lois, et depuis cette époque, il n'y a jamais eu de suspension. Les Anglais ont conquis la liberté de la presse, contre l'autorité qui la leur disputoit. Les réglemens dont l'autorité se faisoit des armes ont été renouvelés durant la lutte, mais la victoire une fois remportée, jamais le gouvernement anglais n'a proposé d'en suspendre les effets, parce qu'il a vu que ces effets étoient salutaires, et jamais la nation n'auroit consenti à les suspendre, parce qu'elle a senti et qu'elle sent tous les jours combien la liberté de la presse est indispensable à tous les genres de liberté. Certes il y a une grande différence entre une suspension et l'abolition de réglemens vexatoires que regrettoit l'autorité. La suspenpension sembleroit annoncer qu'on a reconnu l'abus de la faculté qu'on suspend. L'abolition annonce au contraire qu'on s'est convaincu, après quelques débats, de l'inutilité ou de l'injustice des réglemens qu'on abroge.

Après avoir ainsi prouvé qu'il n'y a jamais eu de suspension de la liberté de la presse en Angleterre, qu'il me soit permis de m'arrêter un instant pour demander à mes adversaires de quelles époques sont les réglemens qu'ils citent avec tant d'emphase et dont ils nous conseillent l'imitation. Je copie leurs propres citations pour ne rien dénaturer. « Les restrictions de la presse, disent-ils, fondées sur un décret de la Chambre étoilée, en 1637, furent conservées par des ordonnances du long Parlement de 1643, 1647, 1649, et 1652. Le statut de 1662 en consacra la plus grande partie; on le renouvela en 1669, pour durer jusqu'en 1692. En 1692, il fut continué pour deux ans : il n'expira qu'en 1694. »

Ainsi les restrictions à la liberté de la presse remontent, selon eux, à la Chambre étoilée; mais qu'étoit cette

Chambre étoilée? un Tribunal illégal, contre lequel tous les Anglais réclamoient dès-lors, dont l'existence fut l'un des principaux griefs allégués par le Parlement contre Charles I, dont le maintien fut l'une des causes les plus puissantes du mécontentement populaire et de la guerre civile; un Tribunal que les écrivains même les plus favorables à la malheureuse famille des Stuarts (et je n'ai besoin que de nommer Hume) frappent de réprobation; un Tribunal enfin dont le souvenir excite encore, en Angleterre, après 200 ans, l'horreur de la génération actuelle. *Ces restrictions furent conservées par des ordonnances du Long Parlement en 1643 et en 1647.* Je le crois bien. Le Parlement prolongeoit, à cette époque, la guerre contre le roi, au mépris du vœu national, qui vouloit limiter l'autorité royale, et non détruire la monarchie. Le Long Parlement ne pouvoit permettre la liberté de la presse; car il agissoit en sens inverse de l'opinion devenue modérée, chez une nation qui commençoit à s'éclairer par ses infortunes. *Ces restrictions furent maintenues en 1649.* Je le crois bien encore. C'étoit l'année de la mort du roi. Vous semble-t-il que les ordonnances d'une assemblée dominée par des factieux, d'une assemblée que la force militaire avoit mutilée, soient bien dignes d'imitation? *Ces restrictions furent confirmées en 1652.* Rien de plus simple. Cromwell venoit d'établir sa tyrannie. *Mais elles furent renouvelées formellement en 1662 et en 1669.* Si je ne me trompe, Charles II régnoit en 1662 et en 1669. Or, on n'a jamais représenté le règne de Charles II comme un règne de liberté, de modération ou de justice. Ce fut en 1662 précisément que la réaction commença avec violence. Ce fut en 1662 que la Cour fit périr le chevalier

Vâne, l'un des hommes les plus respectés de l'Angleterre ; un homme qui, lors du jugement de Charles I, avoit défendu ce malheureux prince, s'étoit retiré quand, malgré ses efforts, la sentence avoit été prononcée, n'avoit reparu que pour s'opposer à Cromwell, avoit écrit contre cet usurpateur, et avoit subi une longue détention (1). Ce fut dans la même année, ou l'année suivante, que la Cour fit annuler, en Ecosse, toutes les lois promulguées depuis trente ans, qu'on établit des amendes, des spoliations et des confiscations arbitraires, qu'on fit pendre des fils pour n'avoir pas révélé l'asile de leurs pères (2). Ce fut depuis 1662 qu'il y eut quinze prétendues conspirations, dans chacune desquelles on voyoit figurer les mêmes espions, les mêmes dénonciateurs, les mêmes témoins, logés au palais, et nourris, comme des animaux féroces qu'on lâchoit périodiquement contre ceux qu'on vouloit perdre (3). Avec ces intentions, cette jurisprudence, cette manière de gouverner, assurément le gouvernement de Charles II devoit renouveler toutes les lois destructives de la libre manifestation des opinions.

Les faits que l'on accumule, les dates que l'on entasse prouvent que les restrictions à la liberté de la presse ne furent jamais en Angleterre que des instrumens du despotisme, passant tour à tour de la main des ministres de Charles I, qui perdirent leur maître en voulant asservir une nation généreuse, dans celles des démagogues furieux et sanguinaires qui renversèrent ces ministres imprudens,

---

(1) Burnet, I. 237 ; Ludlow, III. 11.
(2) Hume, XI. 22 ; Burnet, I. 349.
(3) Hume, XI. 412.

et enfin dans celle d'un nouveau ministère qui, par une réaction insensée, creusa de nouveaux abîmes sous le trône des Stuarts que les événemens avoient relevé. Nous sommes plus heureux que les Anglais ne le furent. Délivrés de fougueux démagogues, nous avons un Prince loyal et juste, nous avons des ministres bien intentionnés. J'en conclus que les époques que l'on nous rappelle ne doivent pas nous servir de modèles. Charles I mit des restrictions à la liberté de la presse : mais il ne faut pas imiter Charles I ; car ses erreurs causèrent la guerre civile. Le Long Parlement mit des restrictions à la liberté de la presse : mais il ne faut pas imiter le Long Parlement ; car ses crimes inondèrent de sang l'Angleterre, et finirent par la soumettre au joug d'un usurpateur. Charles II mit des restrictions à la liberté de la presse : mais il ne faut pas imiter Charles II ; car il enfreignit ses promesses, et prépara la perte de sa maison.

Quant à l'existence des gênes de la presse après la révolution de 1688, ces gênes ne furent point des précautions de prudence, mais un effet presque tacite de l'habitude. Le statut de 1692 ne fut point, je l'ai déjà dit, une suspension. Il fut le maintien de ce qui avoit existé. Il est tout naturel qu'un gouvernement cherche à conserver des lois qui, à tort ou à raison, lui semblent favorables à son autorité, et qu'il regarde comme un héritage. Le statut de 1692 ne contredisoit d'ailleurs en rien la constitution anglaise. Car la déclaration des droits n'avoit point fait mention de la liberté de la presse. Or, la différence est grande entre ne pas abolir une loi fautive et suspendre une constitution formellement proclamée. C'est ce que nous ferions : car notre constitution, plus sage que la déclaration des droits des Anglais, a positivement stipulé la liberté de la presse. En la suspendant, nous ne ferions pas ce qu'ils ont fait, mais directement le contraire, puisque, depuis qu'ils en jouissent, ils ne l'ont jamais suspendue (1).

Je passe à la seconde assertion que je me suis proposé de développer. Lors même qu'on pourroit produire, soit en Angleterre, soit chez d'autres peuples libres, des exemples de suspensions momentanées des garanties de la liberté, ces exemples ne nous seroient aucunement applicables. Il me sera permis ici, je le pense, puisque les circonstances sont toujours alléguées contre les constitutions, de les faire valoir en leur faveur. Je maintiens que ce n'est que lorsqu'une constitution est ancienne, lorsqu'elle a été pratiquée long-tems, lorsqu'elle est connue et respectée et chérie, qu'il est possible de la suspendre un instant, si de grands dangers subits et inattendus l'exigent (ce qui au reste me paraît n'être presque jamais le cas en réalité). Mais lorsqu'une constitution est nouvelle, n'a jamais été pratiquée, et n'est point encore identifiée aux habitudes d'un peuple, toute suspension, fût-elle annoncée comme partielle ou momentanée, est la perte de cette constitution.

On a pu suspendre l'*habeas corpus* en Angleterre, parce que dans ce pays les institutions, les corps, les prérogatives et les droits ont une solidité garantie par cent cinquante ans d'existence. L'intérêt du roi, accoutumé à trouver sa force dans les institutions constitutionnelles, l'habitude contractée par les ministres de se

---

(1) *Voy*. l'addition et la citation de Blackstone, ci-après, p. 73.

plier à ces institutions dont le respect leur est inculqué dès leur enfance, les vastes prérogatives d'une pairie antique, investie de tems immémorial d'immenses propriétés, la vigoureuse activité des communes, fortifiée à la fois et modérée par une tradition de plusieurs siècles, toutes ces choses ramènent nécessairement la nation, les corporations qui la représentent et l'autorité qui la gouverne, à la route ordinaire, consacrée, connue de tous, et considérée comme l'unique route à suivre, comme celle vers laquelle il faut tendre, et dans laquelle il est aussi utile que juste de rentrer, dès qu'on le peut. Même quand on en sort un instant dans la théorie, on y reste dans la pratique bien plus qu'on ne le pense. Toutes les tendances, tous les souvenirs, toutes les habitudes en rapprochent chaque citoyen, chaque agent du pouvoir. Mais aucun de ces préservatifs contre les dangers des suspensions momentanées n'existe parmi nous; nous n'avons pas une idée fixe, si l'on en excepte la volonté intime et profonde que la nation manifeste de trouver de la liberté et du repos sous une famille révérée. Nous n'avons aucune habitude de notre constitution; nous la connaissons à peine. Nous ne pouvons éprouver pour elle cette affection qui, chez les Anglais, est un sentiment du cœur non moins qu'un jugement de l'esprit. Nos Ministres, éclairés sans doute et bien intentionnés, sont pourtant novices dans l'art de concilier les idées de toute leur vie avec une constitution qui n'a pas deux mois. Nos Représentans n'ont pas acquis non plus par l'expérience l'art de la défendre. Aucune propriété, aucun intérêt ne reposent encore sur elle. Elle n'est pour nous qu'une théorie. Si la pratique est suspendue, elle restera pour nous une théorie, et nous nous familiariserons avec l'idée qu'on peut l'écarter par des politesses, sous prétexte de la préserver, en annonçant toujours une époque où elle rentrera dans tous ses droits et en ajournant toujours cette époque. Je n'hésite pas à l'affirmer, c'est à présent qu'il faut que notre constitution soit observée, ou elle ne le sera jamais. On trouvera toujours des raisons suffisantes pour en retarder l'observance; et comme nous n'aurons point vécu sous son empire, comme nous ne lui devrons aucune sécurité, le moindre embarras du moment l'emportera sur le désir vague d'essayer enfin d'une chose inconnue, de mettre en action une charte écrite, qui, tant que l'expérience ne l'a pas sanctionnée de son imposant suffrage, n'est qu'un livre dont on se croit obligé de se débarrasser par des éloges.

La liberté constitutionnelle est un pays entièrement neuf pour nous. La constitution est notre fanal. Si nous avions habité ce pays depuis long-tems, nous pourrions éteindre le fanal, sauf à le rallumer plus tard, et marcher d'un pas ferme à travers les ténèbres. Mais nous ne connoissons point les chemins; ils sont à peine tracés; le fanal nous est indispensable pour les découvrir ou les retrouver. Ainsi donc, bien loin de conclure avec certaines personnes, de ce que notre constitution est nouvelle, qu'il faut attendre pour l'exécuter que nous en ayons l'habitude, je conclus, de ce que notre constitution est nouvelle, qu'il faut l'exécuter tout de suite scrupuleusement, sans quoi nous n'en prendrons jamais l'habitude.

Ajoutez qu'en Angleterre, les pouvoirs intermédiaires existoient avant la constitution, et qu'en conséquence, ils ont une force intrinsèque qui leur sert à la défendre et à y rentrer. Mais en France tous les pouvoirs intermédiaires ont été créés par la constitution. Ils s'affoibliroient en raison de ce qu'elle seroit violée. L'arbitraire en Angleterre trouveroit des limites dans la propriété consolidée par une possession longue, dans l'illustration des familles, dans mille institutions d'origine immémoriale. En France, la révolution a tout nivelé; et l'arbitraire, s'il se réintroduisoit parmi nous, rouleroit sur nous comme sur de la poussière.

Enfin, j'en appelle à tout homme impartial. La liberté de la presse existe de fait : et notre situation ne s'est-elle pas étonnamment améliorée depuis six semaines ? L'affection pour le monarque n'est plus seulement un mouvement irréfléchi d'enthousiasme, une espérance vague et passionnée. C'est en même temps une conviction raisonnée de ses intentions nobles et de sa sincérité. L'indépendance des Représentans du peuple n'est plus une chimère. Ils en ont donné déjà des preuves qui n'ont fait qu'affermir davantage notre édifice social. Nous entendons professer par nos Ministres des principes de bonne-foi, de fidélité, de morale financière et politique qui nous sont doublement précieux, parce que nous avons si long-temps souffert et gémi de l'absence de ces principes. La confiance renaît. La nation reprend la faculté d'estimer et s'en étonne comme d'une jouissance d'espèce nouvelle. L'armée qui, partagée entre sa gloire immense et ses revers inattendus, contemploit d'un regard douteux un avenir incertain, voit chaque jour ses doutes résolus, ses malheurs réparés, et sa gloire, non moins brillante qu'autrefois, devenir encore plus pure. Une intime et profonde union se forme et se consolide entre chaque français et son Roi, et bientôt rien ne restera du prestige funeste qui sembloit encore attacher quelques hommes à celui dont les triomphes n'étoient fondés que sur la profanation de tous les sentimens, le déchirement de toutes les affections, et le renversement de toutes les idées.

D'où naît cette amélioration si rapide ? De ce que nous avons, sous une dynastie incontestée, une constitution libre, de ce que cette constitution s'observe, de ce qu'elle s'exécute. Mais gardons-nous de la suspendre dans aucun de ses articles : tous les autres seroient ébranlés.

DE LA LIBERTÉ
DE LA PRESSE,

Chapitre extrait des Réflexions sur les Constitutions et les Garanties. Pag. 143 et suiv.

Les hommes ont deux moyens de manifester leur pensée, la parole et les écrits.

Il fut un temps où l'autorité croyoit devoir étendre sa surveillance sur la parole. En effet, si l'on considère qu'elle est l'instrument indispensable de tous les complots, l'avant-coureur nécessaire de presque tous les crimes, le moyen de communication de toutes les intentions perverses, l'on conviendra qu'il seroit à désirer qu'on pût en circonscrire l'usage, de manière à faire disparoître ses inconvéniens, en lui laissant son utilité. Pourquoi donc a-t-on renoncé à tout effort pour arriver à ce but si désirable? C'est que l'expérience a démontré que les mesures propres à y parvenir étoient productives de maux plus grands que ceux auxquels on vouloit porter remède. Espionnage, corruption, délation, calomnies, abus de confiance, trahisons, soupçons entre les parens, dissensions entre les amis, inimitié entre les indifférens, achat des infidélités domestiques, vénalité, mensonge, parjure, arbitraire, tels étoient les élémens dont se composoit l'action de l'autorité sur la parole. L'on a senti que c'étoit acheter trop cher l'avantage de la surveillance. L'on a de plus appris que c'étoit attacher de l'importance à ce qui ne devoit pas en avoir ; qu'en enregistrant l'imprudence, on la rendoit hostilité ; qu'en arrêtant au vol des paroles fugitives, on les faisoit suivre d'actions téméraires ; et qu'il valoit mieux, en sévissant contre les délits que la parole pouvoit avoir causés, laisser s'évaporer d'ailleurs ce qui ne produisoit point de résultat.

En conséquence, à l'exception de quelques circonstances très-rares, de quelques époques évidemment désastreuses, ou de quelques Gouvernemens ombrageux, qui ne déguisent point leur tyrannie, l'autorité a consacré une distinction, qui rend sa juridiction sur la parole plus douce et plus légitime. La manifestation d'une opinion peut, dans un cas particulier, produire un effet tellement infaillible, qu'elle doive être considérée comme une action. Alors, si cette action est coupable, la parole doit être punie.

Il en est de même des écrits. Les écrits, comme la parole, comme les mouvemens les plus simples, peuvent faire partie d'une action. Ils doivent être jugés comme partie de cette action, si elle est criminelle. Mais s'ils ne font partie d'aucune action, ils doivent, comme la parole, jouir d'une entière liberté.

Ceci répond également à ces frénétiques, qui, de nos jours, vouloient démontrer la nécessité d'abattre un certain nombre de têtes qu'ils désignoient, et se justifioient ensuite, en disant qu'ils ne faisoient qu'émettre leur opinion, et aux inquisiteurs qui voudroient se faire un titre de ce délire, pour soumettre la manifestation de toute opinion à la juridiction de l'autorité.

Si vous admettez la nécessité de réprimer la manifestation des opinions, en tant qu'opinions, il faut que la partie publique agisse judiciairement, d'après des lois fixes, ou que vous établissiez des mesures prohibitives, qui vous dispensent des voies judiciaires.

Dans le premier cas, vos lois seront éludées. Rien de plus facile à une opinion que de se présenter sous des formes tellement variées, qu'aucune loi précise ne la puisse atteindre.

Les matérialistes ont reproduit souvent, contre la doctrine de l'esprit pur, une objection qui n'a perdu de sa force, que depuis qu'une philosophie moins téméraire nous a fait reconnoître l'impossibilité où nous sommes de rien concevoir sur ce que nous appelons matière, et sur ce que nous nommons esprit. L'esprit pur, disoient-ils, ne peut agir sur la matière. On peut dire avec plus de raison, et sans se perdre dans une métaphysique subtile, qu'en fait de gouvernement, la matière ne peut jamais agir sur l'esprit. Or, l'autorité, comme autorité, n'a jamais que de la matière à son service. Les lois positives sont de la matière. La pensée, et l'expression de la pensée, sont insaisissables pour elles.

Si, passant au second moyen, vous attribuez à l'autorité le droit de prohiber la manifestation des opinions, vous l'investissez du droit de déterminer leurs conséquences, de tirer des inductions, de raisonner, en un mot, et de mettre ses raisonnemens à la place des faits : c'est consacrer l'arbitraire dans toute sa latitude.

Vous ne sortirez jamais de ce cercle. Ces hommes auxquels vous confiez le droit de juger des opinions, ne sont-ils pas aussi susceptibles que les autres, d'injustice ou du moins d'erreur ?

On diroit que les verbes impersonnels ont trompé les écrivains politiques. Ils ont cru dire quelque chose en disant : il faut réprimer les opinions des hommes; il ne faut pas abandonner les hommes aux divagations de leur esprit; on doit préserver la pensée des hommes des écarts où le sophisme pourroit l'entraîner. Mais ces mots, *on doit*, *il faut*, *il ne faut pas*, ne se rapportent-ils pas à des hommes? est-il question d'une espèce différente? toutes ces phrases se réduisent à dire : des hommes doivent réprimer les opinions des hommes; des hommes doivent empêcher les hommes de se livrer aux divagations de leur esprit; des hommes doivent préserver d'écarts dangereux la pensée des hommes. Les verbes impersonnels semblent nous avoir persuadé qu'il y avoit autre chose que des hommes dans les instrumens de l'autorité.

L'arbitraire que vous permettez contre la pensée pourra donc étouffer les vérités les plus nécessaires, ausi bien que réprimer les erreurs les plus funestes.

Toute opinion pourra être empêchée ou punie. Vous donnez à l'autorité toute faculté de mal faire, pourvu qu'elle ait soin de mal raisonner.

Lorsqu'on ne considère qu'un côté des questions morales et politiques, il est facile de tracer un tableau terrible de l'abus de nos facultés; mais lorsqu'on envisage ces questions sous tous les points de vue, le tableau des malheurs qu'occasionne le pouvoir, en restreignant ces facul‑cultés, n'est certes pas moins effrayant.

La théorie de l'autorité se compose de deux termes de comparaison, utilité du but, nature des moyens. Si l'on ne fait entrer en ligne de compte que le premier de ces termes, on se trompe, car on oublie la pression que ces moyens exercent, les obstacles qu'ils rencontrent, le danger et le malheur de la lutte, et enfin l'effet même de la victoire, si on la remporte.

En mettant de côté toutes ces choses, on peut faire un grand étalage des avantages que l'on espère. Tant que l'on décrit ces avantages, on trouve le but merveilleux et le système inattaquable ; mais si ce but est impossible à atteindre, ou si l'on ne peut y arriver que par des moyens qui fassent un mal plus grand que le bien auquel on aspire, on aura prodigué en vain beaucoup d'éloquence, on se sera soumis gratuitement à beaucoup de vexations.

Quel est, en effet, le résultat de toutes les atteintes portées à la liberté des écrits ? d'exaspérer les écrivains qui ont le sentiment de l'indépendance, inséparable du talent, de les forcer à recourir à des allusions qui deviennent amères, parce qu'elles sont indirectes, de nécessiter la circulation de productions clandestines et d'au‑

tant plus dangereuses, d'alimenter l'avidité du public pour les anecdotes, les personnalités, les principes séditieux, de donner à la calomnie l'air toujours intéressant du courage, afin d'attacher une importance excessive aux ouvrages qui sont défendus. On confond toujours les libelles avec la liberté de la presse, et c'est l'esclavage de la presse qui produit les libelles et qui assure leur succès. Ce sont ces précautions minutieuses contre les écrits, comme contre des phalanges ennemies, ce sont ces précautions qui, en leur attribuant une influence imaginaire, grossissent leur influence réelle. Lorsque les hommes voient des codes entiers de lois prohibitives et des armées d'inquisiteurs, ils doivent supposer bien redoutables les attaques ainsi repoussées. Puisqu'on se donne tant de peine pour écarter de nous ces écrits, doivent-ils se dire, l'impression qu'ils produiroient seroit bien profonde, ils portent sans doute avec eux une évidence bien irrésistible !

Une réflexion m'a toujours frappé. Supposons une société antérieure à l'invention du langage, et suppléant à ce moyen de communication rapide et facile par des moyens moins faciles et plus lents. La découverte du langage auroit produit dans cette société une explosion subite. L'on auroit vu des périls gigantesques dans ces sons encore nouveaux, et bien des esprits prudens et sages, de graves magistrats, de vieux administrateurs auroient regretté le bon temps d'un paisible et complet silence ; mais la surprise et la frayeur se seroient usées graduellement. Le langage seroit devenu un moyen borné dans ses effets; une défiance salutaire, fruit de l'expérience, auroit préservé les auditeurs d'un entraînement irréfléchi ; tout enfin seroit rentré dans l'ordre, avec cette différence, que les communications sociales, et par conséquent le perfectionnement de tous les arts, la rectification de toutes les idées, auroient conservé un moyen de plus.

Il en sera de même de la presse, partout où l'autorité, juste et modérée, ne se mettra pas en lutte avec elle. Le Gouvernement anglais ne fut point ébranlé par les célèbres lettres de Junius. En Prusse, sous le règne le plus brillant de cette monarchie, la liberté de la presse fût illimitée. Frédéric, durant quarante-six années, ne déploya jamais son autorité contre aucun écrivain, contre aucun écrit, et la tranquillité de son règne ne fut point troublée, bien qu'il fût agité par des guerres terribles, et qu'il luttât contre l'Europe liguée. C'est que la liberté répand du calme dans l'âme, de la raison dans l'esprit des hommes qui jouissent sans inquiétude de ce bien inestimable. Ce qui le prouve, c'est qu'après la mort de Frédéric, les Ministres de son successeur ayant adopté la conduite opposée, une fermentation générale se fit bientôt sentir. Les écrivains se mirent en lutte contre l'autorité. Ils furent protégés par les tribunaux ; et si les nuages qui s'élevèrent sur cet horison, jadis si paisible, ne formèrent pas une tempête, c'est que les restrictions mêmes qu'on tenta d'imposer à la manifestation de la pensée, se ressentoient de la sagesse du grand Frédéric, dont l'ombre magnanime sembloit encore veiller sur la Prusse. L'on rendoit hommage à la liberté des opinions dans le préambule des édits destinés à les réprimer, et des mesures prohibitives étoient adoucies par la tradition de la liberté.

Ce ne fut point la liberté de la presse qui causa le bouleversement de 1789 ; la cause immédiate de ce bouleversement fut, comme on le sait, le désordre des finances ; et si, depuis cent cinquante ans, la liberté de la presse eût existé en France, ainsi qu'en Angleterre, elle auroit mis un terme à des guerres ruineuses, et une limite à des vices dispendieux. Ce ne fut point la liberté de la presse qui enflamma l'indignation populaire contre les détentions illégales et les lettres de cachet; au contraire, si la liberté de la presse eût existé sous le dernier règne, on auroit su combien ce règne étoit doux et modéré; l'imagination n'auroit pas été frappée par des suppositions effrayantes, dont la vraisemblance n'étoit fortifiée que du mystère qui les entouroit. Les Gouvernemens ne savent pas le mal qu'ils se font en se réservant le privilége exclusif de parler et d'écrire sur leurs propres actes : on ne croit rien de ce qu'affirme une autorité qui ne permet pas qu'on lui réponde; on croit tout ce qui s'affirme contre une autorité qui ne tolère point d'examen.

Ce ne fut point enfin la liberté de la presse qui entraîna les désordres et le délire d'une révolution malheureuse; c'est la longue privation de la liberté de la presse qui avoit rendu le vulgaire des Français ignorant et crédule, et par-là même inquiet et souvent féroce. Dans tout ce qu'on nomme les crimes de la liberté, je ne reconnois que l'éducation de l'arbitraire.

Dans les grandes associations de nos temps modernes, la liberté de la presse étant le seul moyen de publicité, est, par-là même, quelles que soient les formes du Gouvernement, l'unique sauve-garde des citoyens. Collatin pouvoit exposer, sur la place publique de Rome, le corps de Lucrèce, et tout le peuple étoit instruit de l'outrage qu'il avoit reçu ; le débiteur Plébéien pouvoit montrer à ses frères d'armes indignés, les blessures que lui avoit infligées le Patricien avide, son créancier usuraire. Mais de nos jours l'immensité des empires met obstacle à ce mode de réclamation ; les injustices partielles restent toujours inconnues à la presque totalité des habitans de nos vastes contrées. Si les Gouvernemens éphémères qui ont tyrannisé la France, ont attiré sur eux la haine publique, c'est moins par ce qu'ils ont fait, que par ce qu'ils ont avoué : ils se vantoient de leurs injustices ; ils les proclamoient dans leurs journaux. Buonaparte est venu, et s'est montré d'abord plus prudent et plus habile ; il nous a long-temps opprimés dans le silence, et long-temps aussi l'opinion, qui n'étoit frappée que par des bruits sourds, interrompus et mal constatés, est restée incertaine, indécise et flottante.

En effet, toutes les barrières civiles, politiques, judiciaires, deviennent illusoires sans la liberté de la presse. Buonaparte a souvent violé l'indépendance des tribunaux : mais ce délit restoit couvert d'un voile. Les formes étoient supprimées : mais la seule garantie des formes, n'est-ce pas la publicité ? L'innocence étoit plongée dans les fers : mais nulle réclamation n'avertissant les citoyens du danger qui les menaçoit tous également, les cachots retenoient impunément leurs victimes à la faveur du silence universel. La représentation nationale étoit mutilée, asservie, calomniée : mais l'imprimerie n'étant qu'un instrument du pouvoir, l'empire entier retentissoit de ces calomnies, sans que la vérité trouvât une voix qui pût s'élever en sa faveur.

Le Gouvernement actuel sera sans doute, sous tous les rapports, l'opposé de celui de Buonaparte ; mais si l'esclavage de la presse ne peut avoir, sous un prince sage et modéré, les mêmes inconvéniens que sous un usurpateur tyrannique, il en a d'autres et pour le Prince et pour la Nation. En comprimant la pensée des citoyens timides et scrupuleux, en environnant d'obstacles les réclamations, l'autorité s'entoure elle-même de ténèbres, elle laisse s'invétérer les abus, elle consacre le despotisme de ses agens les plus subalternes ; car l'absence de la liberté de la presse a ce danger, que les dépositaires supérieurs de la puissance, je veux dire les ministres, peuvent souvent ignorer les attentats de détail qui se commettent (quelquefois aussi cette ignorance est commode). La liberté de la presse remédie à ces deux inconvéniens ; elle éclaire l'autorité quand elle est trompée, et de plus, elle l'empêche de fermer volontairement les yeux.

D'ailleurs, quand on propose aujourd'hui des mesures contre la liberté de la presse, on oublie l'état de l'Europe; elle n'est plus asservie, et la France n'est plus, comme le Japon, une île qu'un sceptre de fer prive de tout commerce avec le reste du monde. Y a-t-il un moyen d'empêcher qu'un peuple curieux ne reçoive ce que des peuples industrieux s'empresseront de lui porter? Plus les chaînes seroient pesantes, plus la curiosité seroit excitée et l'industrie ingénieuse: l'une trouveroit son aliment dans la difficulté, l'autre dans le profit. Ne sait-on pas encore que les prohibitions sont une prime à la contrebande? Pour étouffer la liberté de la presse, il a fallu que Buonaparte mît un mur d'airain entre nous et l'Angleterre, qu'il réunît la Hollande, qu'il enchaînât la Suisse et l'Italie, qu'il fît fusiller des libraires et des imprimeurs en Allemagne. Ces mesures ne sont pas à l'usage d'un Gouvernement équitable. Montesquieu a dit qu'il falloit au despotisme des déserts pour frontières: Buonaparte n'a pu gêner la pensée, en France, qu'en entourant cette belle contrée de déserts intellectuels.

Les principes qui doivent diriger un Gouvernement juste sur cette question importante, sont simples et clairs : que les auteurs soient responsables de leurs écrits, quand ils sont publiés, comme tout homme l'est de ses paroles, quand elles sont prononcées; de ses actions, quand elles sont commises. L'orateur qui prêcheroit le vol, le meurtre ou le pillage, seroit puni de ses discours; mais vous n'imagineriez pas de défendre à tous les citoyens de parler, de peur que l'un d'entre eux ne prêchât le vol ou le meurtre. L'homme qui abuseroit de la faculté de marcher pour forcer la porte de ses voisins, ne seroit pas admis à réclamer la liberté de la promenade; mais vous ne feriez pas de loi pour que personne n'allât dans les rues, de peur qu'on n'entrât dans les maisons.

ADDITION.

Lorsque j'écrivois mes observations sur les restrictions mises en Angleterre à la liberté de la presse, restrictions en faveur desquelles on a cité Blackstone, je n'avois pas sous les yeux les commentaires de cet écrivain anglais. Me les étant procurés, j'ai trouvé que le sens de l'original étoit contraire à celui qui semble résulter de la citation. En conséquence, je crois devoir rétablir la note de Blackstone. Pour l'intelligence de la note, je la ferai précéder de quelques phrases du texte. « La liberté de la presse,
» dit Blackstone, liv. IV, ch. 11, p. 151, est
» vraiment essentielle à la nature d'un état libre :
» mais elle consiste à ne pas mettre *de restric-*
» *tions antérieures* aux publications, et non à
» les exempter de poursuites criminelles, *quand*
» *la publication a eu lieu*..... Soumettre la
» presse aux restrictions d'un censeur, comme
» on le faisait autrefois, avant et après la révo-
» lution (de 1688), c'est soumettre toute liberté
» d'opinion aux préjugés d'un seul homme, et
» le rendre le juge arbitraire et infaillible de
» toute controverse sur les sciences, la religion
» et le gouvernement..... Le seul argument

» plausible employé jusqu'ici pour restreindre
» la juste liberté de la presse, argument qui
» consiste à dire que des restrictions sont né-
» cessaires pour en prévenir les abus, perd toute
» sa force, lorsque par un exercice convenable
» de la loi, il est démontré qu'on ne peut pas
» abuser de la presse sans encourir un châtiment
» mérité, tandis que la presse ne peut jamais
» servir à aucun bon usage, quand elle est sous
» la puissance d'un inspecteur. »

Les phrases que j'ai retranchées n'ont rapport qu'à la nécessité de punir les délits de la presse, après qu'ils ont été commis : or, comme tout le monde est d'accord sur ce point, il m'a semblé superflu de rapporter ces phrases. Voici maintenant la note traduite fidèlement.

« L'art de l'imprimerie, peu après son intro-
» duction, fut regardé, en Angleterre, ainsi
» qu'ailleurs, comme une affaire d'état, soumise
» à la puissance de la couronne. Son usage fut
» en conséquence réglé par des proclamations,
» prohibitions, chartes de priviléges et licences
» royales, et enfin par les décrets de la Cham-
» bre étoilée, *qui limitoient le nombre des im-*
» *primeurs et des presses, et défendoient toutes*
» *nouvelles publications sans l'approbation*
» *préalable de censeurs* [licensers]. *A la des-*

» *truction de cette odieuse jurisdiction, en*
» *1641,* le long Parlement de Charles Ier., qui,
» après sa rupture avec ce prince, s'étoit saisi
» des mêmes pouvoirs que la Chambre étoilée
» avoit exercés relativement aux livres, pu-
» blia en 1643, 1649, et 1652, des ordonnances
» fondées principalement sur le décret de la
» Chambre étoilée, de 1637. Un statut de
» Charles II fut passé en 1662, lequel étoit
» copié, avec peu d'altérations, des ordonnances
» parlementaires. Cet acte expira en 1679, mais
» fut rétabli par Jacques II, et continua jusqu'en
» 1692. Il fut ensuite continué deux ans de plus,
» mais *quoique le gouvernement fît plusieurs*
» *tentatives subséquentes pour le faire revivre,*
» *le Parlement y résista si fortement qu'il*
» *expira enfin sans retour, et la presse devint*
» *libre, dans le sens propre de ce mot, en 1694,*
» *et l'a toujours été depuis.* »

Voilà la traduction littérale de la note de Blackstone; elle prouve ce que j'avois déjà dit sans l'avoir relue, qu'il n'y a jamais eu en Angleterre suspension de la liberté de la presse, mais qu'un Parlement courageux a conquis, par une résistance soutenue, ce droit inestimable sur des ministres qui le disputoient à la nation.

www.ingramcontent.com/pod-product-compliance
Lightning Source LLC
LaVergne TN
LVHW020108100426
835512LV00040B/1911